AF375208

# LINES IN TAMIL FOR TODDLERS

Suganthi Nadar A.A, B.A, B.L, M.S, L.L.M

TAMIL UNLIMITED LLC
10 Maybelle Court, Mechanicsburg PA 17050.USA
tamilanitham.com

*Title*                    *:Lines in Tamil*

*ISBN*                    *:979-8-9943628-2-2*

*Author*                  *; Dr.M. Dhanalakshmi*

*Subject*                 *:Juvenile nonfiction*

*Language*                *:Tamil,English*

*Edition*                 *:Print 2026*

*Book Size*               *:8.000" x 8.000" (203mm x 203mm)*

*Font*                    *:Tamil Virtual AcademyTAU Marutham,TAMUni-Tamil046*

*Printing*                *: IngramSpark*

*Publication*             *:TAMIL UNLIMITED LLC*
*10 Maybelle Court, Mechanicsburg, PA,17050, USA.*
*+17178025889 ,+17177283999*
*tamilunltd@gmail.com*

## Vowels:

There are five basic vowel sounds in Tamilஅ(/ă/), இ(/ĭ/), உ(/ŏŏ/), எ(/ĕ/), ஒ(/ŏ/). These sounds can be short and long. Short and long vowels have distinct forms to denote their pronunciation length.  There are five short vowels and seven long vowels. When vowels take one second to pronounce, they are short vowels. A letter with one underline means it is a short sound. When vowels take two seconds to pronounce, they are long vowels. The letter with double underlines means it is a longer sound. Tamil vowels have two diphthongs. ஐ(/aɪ/)  and ஔ (/aw/). அ(/ă/)and இ(/ĭ/) vowel sounds are within the ஐ(/aɪ/) syllable. அ(/ă/) and உ (/ŏŏ/) vowel sounds are with in the ஔ syllable. These two diphthongs are also long vowels.

## Consonants:

There are eighteen consonants in Tamil. Tamil Consonants have a circle or a dot above them. Consonants take half a second to pronounce. The consonants are pronounced in three distinct ways, depending upon where the sound begins. Their pronunciation originates from the chest, throat,or nose.

### The hard tone letters:

The hard sounding letters start from the chest with pressure. The thick lines indicate hardness.

க் ச் ட் த் ப் ற்

### The soft tone letters:

Soft-sounding letters are nasal sounds with minimal pressure and effort. The wavy lines indicate softness.

ங் ஞ் ண் ந் ம் ன்

### The mid tone letters:

Letters with in-between sounds initiate from the throat, which is between the chest and nose, so they are referred to as "in-between letters". The dotted lines indicate the mid sound characteristics.

ய் ர் ல் வ் ழ் ள்

## The Vowel_consonants:

When vowels are added to these consonants, they get their own form and sound. These letters are called vowel-consonant letters.  Because of their association with vowels, the vowel-consonant letters also have either short or long pronunciation durations. The short pronunciations are indicated by an underline, and the long pronunciations are indicated by a double underline. The consonants and the vowel-consonants get their names based on where their initial sound begins.In this preliminary geometry for toddlers activity book, sight words are color-coded so the learner can recognize them without sounding out the letters. These color-coded words help children with accuracy, fluency, and speed in their reading, increasing comprehension and confidence.

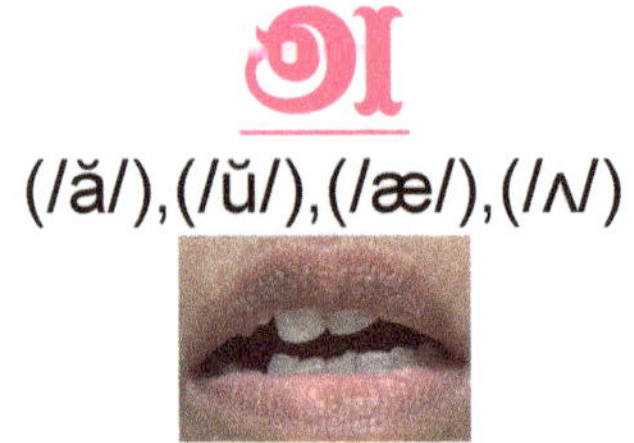

அ

(/ă/),(/ŭ/),(/æ/),(/ʌ/)

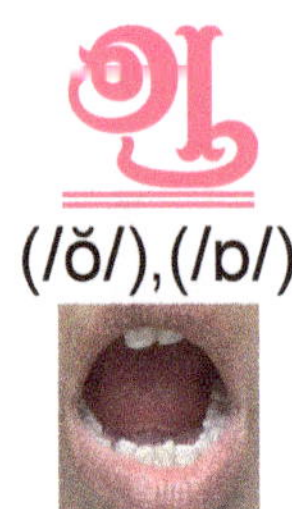

ஆ

(/ŏ/),(/ɒ/)

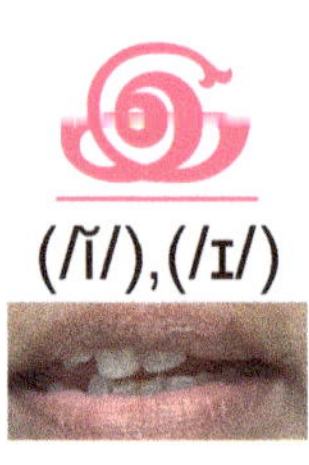

இ

(/ĭ/),(/ɪ/)

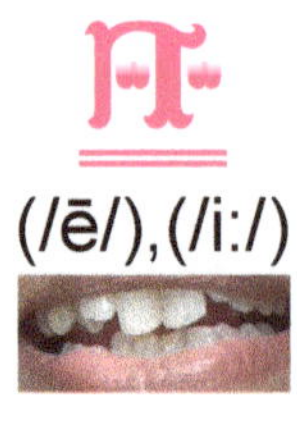

ஈ

(/ē/),(/i:/)

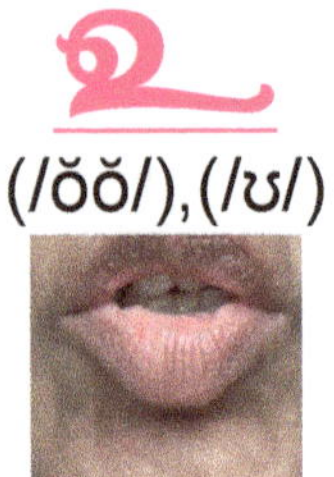

உ

(/ŏŏ/),(/ʊ/)

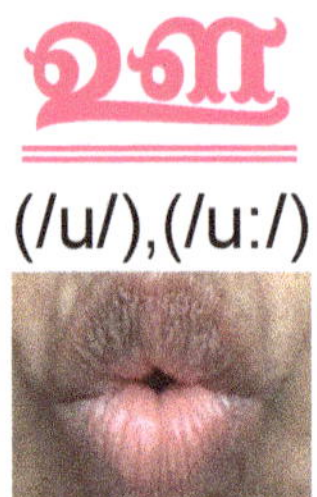

ஊ

(/u/),(/u:/)

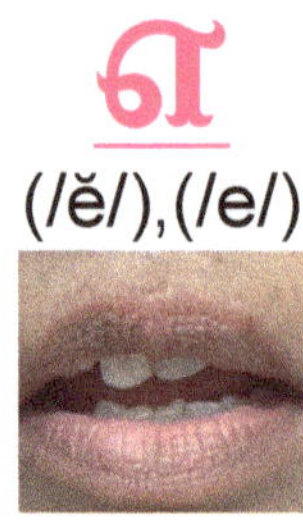

எ

(/ĕ/),(/e/)

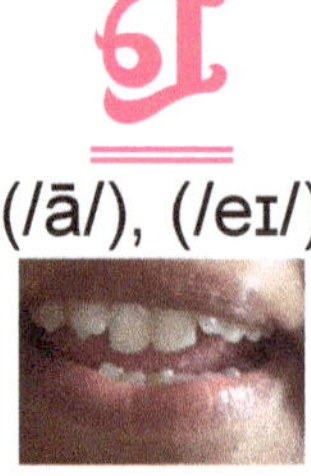

ஏ

(/ā/), (/eɪ/)

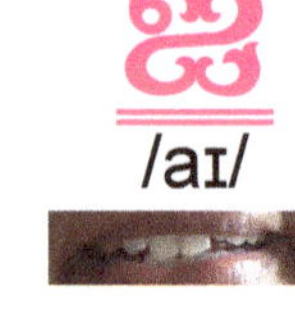

ஐ

/aɪ/

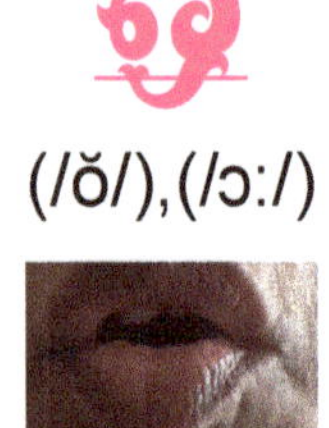

ஒ

(/ŏ/),(/ɔ:/)

ஓ

(/ō/), (/ow/),(/oʊ/)

ஔ

(/aw/),(/ou/),(/oʊ/)

க் /k/ Say ik as in kite

ங் /ŋ/ Say ing as in song

ச் /tʃ/ Say ich as in march

ஞ் /ɲ/ Say inj as in banjo

ட் /t/ Say it as in time

ண் /n/ Say in as in tan

த் /t̪/ Say ith as in thin

ந் /n̪/ Say inth as in month

ப் /p/ Say ip as in pan

ம் /m/ Say im as in man

ய் /j/ Say iy as in you

ர் /r/ Say ir as in run

ல் /l̺/ Say il as in level

வ் /ʋ/ Say iv as in van

ழ் /ɭ/ Say izhl as in clung

ள் /ɭ/ Say ll as in black

ற் /ɻ/,[r̄] Say ir as in red

ன் /n/ Say in as in fun

# ஒரு கோடு.

/ohru kohhdu/

One line.

# இரு கோடுகள்.

/earu kohhdugaLL/

Two lines.

**கோடு, கோடு, கோடு.**

/kohhdu, kohhdu, kohhdu/

**ஒரு மெல்லியக் கோடு மென்கோடு.**

/ohru mehlliyak kohhdu menkohhdu/

Line, line, line.
A thin line is a fine line.

# கோடு, கோடு, கோடு.

/kohhdu kohhdu kohhdu/

# தடித்தக் கோடு தடிக்கோடு.

/thadiththak kohhdu thadikkohdu/

Line, line, line.
Thick line is a heavy line.

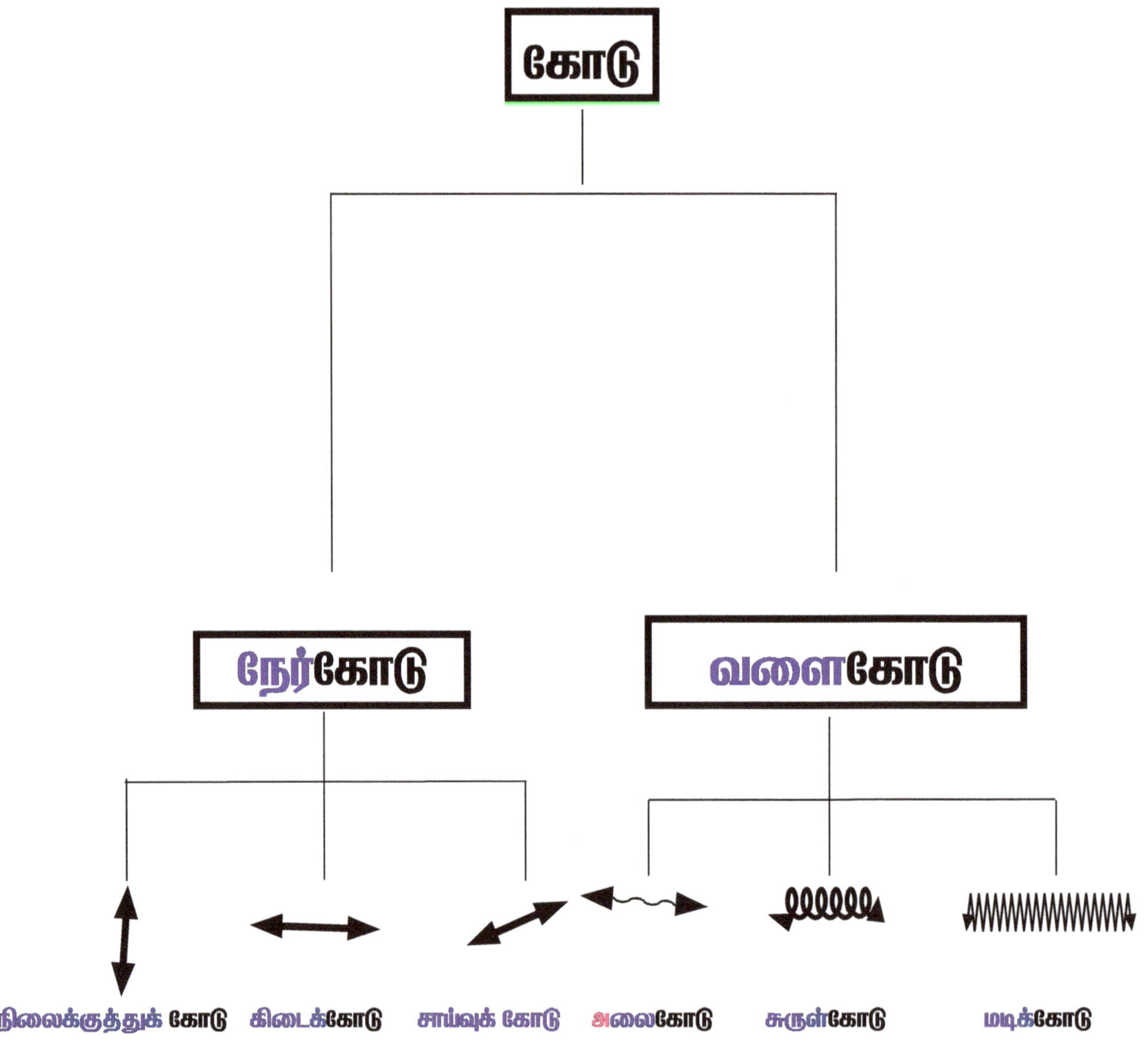
கோடு
நேர்கோடு
வளைகோடு
நிலைக்குத்துக் கோடு
கிடைக்கோடு
சாய்வுக் கோடு
அலைகோடு
சுருள்கோடு
மடிக்கோடு

**கோடு, கோடு.**

/kohhdu kohhdu/

**நேர்கோடு.**

/nayrkohhdu/

**கோடு, கோடு.**

/kohhdu kohhdu/

**வளைகோடு.**

/vaLLie kohhdu/

Line, line.
Straight line.
Line, line.
Curved line.

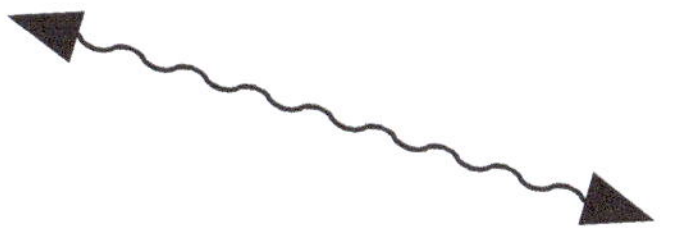

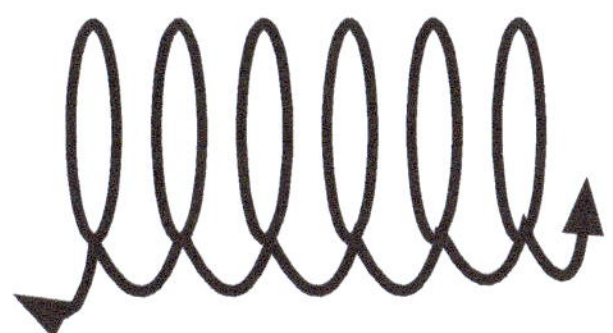

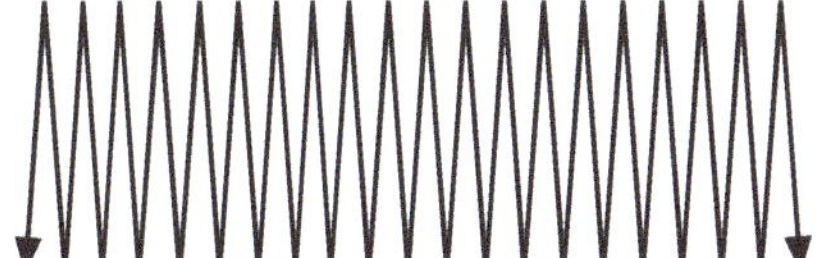

கோடு, கோடு, நேர்கோடு.

/kohhdu kohhdu kohhdu nayrkohhdu/

நிலைக்குத்துக் கோடு ஒரு நேர்கோடு.

/niliekkuththuk kohhdu ohru nayrkohhdu/

கோடு, கோடு, நேர்கோடு.

/kohhdu kohhdu nayrkohhdu/

கிடைக்கோடு ஒரு நேர்கோடு.

/kidiekkohhdu kohhdu ohru nayrkohhdu/

கோடு, கோடு, நேர்கோடு.

/kohhdu kohhdu nayrkohhdu/

சாய்வுக் கோடு ஒரு நேர்கோடு.

/Saaivuk kohhdu ohru nayrkohhdu/

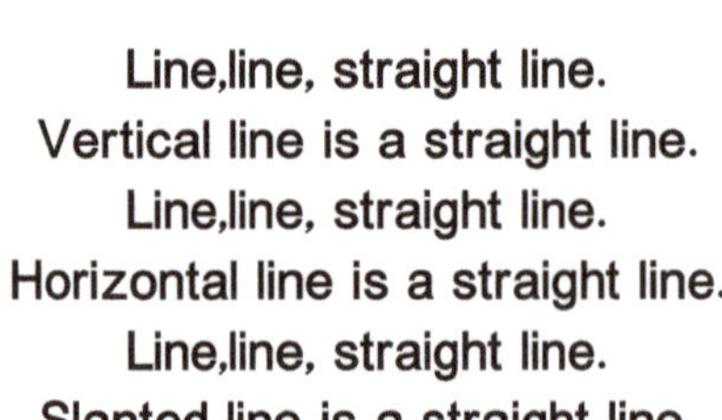

Line,line, straight line.
Vertical line is a straight line.
Line,line, straight line.
Horizontal line is a straight line.
Line,line, straight line.
Slanted line is a straight line.

கோடு கோடு நிலைக்குத்துக் கோடு.

/kohhdu kohhdu niliekkuththuk kohhdu/

நின்ற கோடு ஒரு கோடு.

/nindRRa kohhdu ohru kohhdu/

நின்ற கோடு நிலைக்குத்துக் கோடு.

/nindRRa kohhdu niliekkuththuk kohhdu/

Line, line, line, vertical line.
Standing line is a line.
Standing line is a vertical line.

கோடு, கோடு, **கிடைக்கோடு.**

/kohhdu kohhdu kidiekkohhdu/

**படுத்தக்** கோடு ஒரு கோடு.

/paduththak kohhdu ohru kohhdu/

**படுத்தக் கோடு கிடைக்கோடு.**

/paduththak kohhdu kidiekkohhdu/

Line, line, line, a horizontal line.
Laying line is a line.
Laying line is a horizontal line.

கோடு, கோடு, சாய்வுக்கோடு.

/kohhdu kohhdu saaivuk kohhdu/

சரிவாய்ச் சாயுமேச் சாய்வுக் கோடு.

/sarivaaich saayumaych saaivuk kohhdu/

சாய்ந்தக் கோடு சாய்வுக்கோடு

/saainththak kohhdu saaivuk kohhdu/

Line,line, an angled line.
A tilted slope is a slanted line.
An inclined line is an angled line.

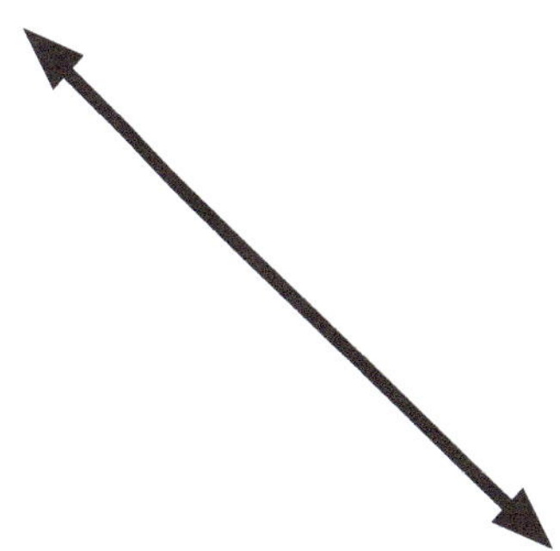

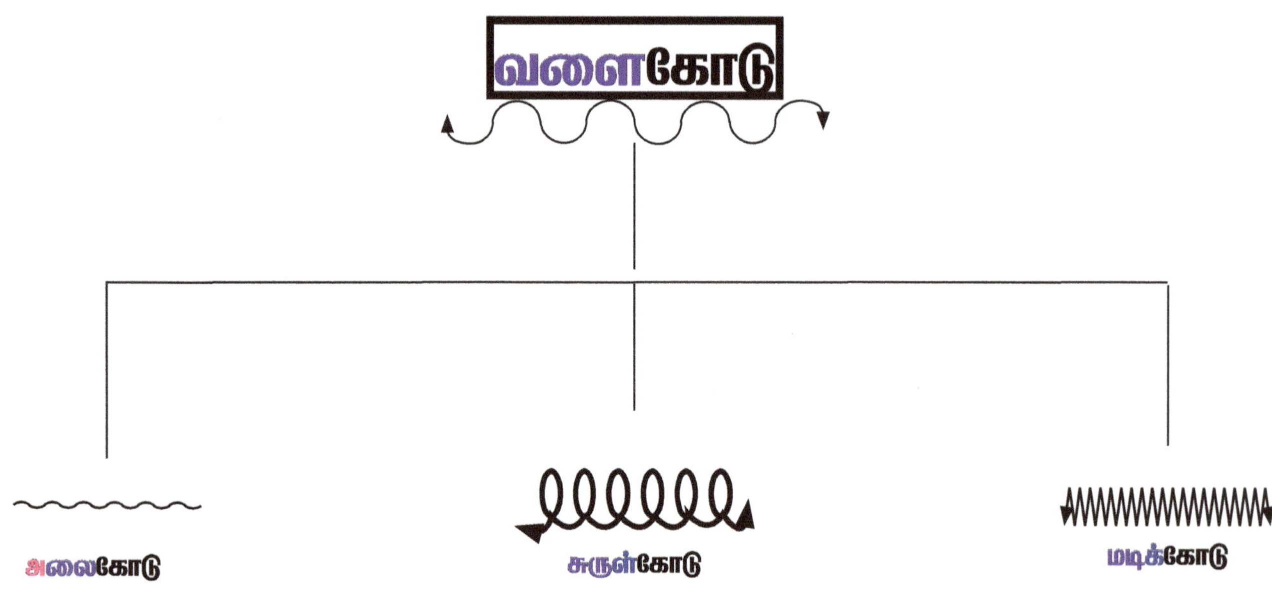

வளைகோடு
அலைகோடு
சுருள்கோடு
மடிக்கோடு

கோடு, கோடு, வளைகோடு.

/kohhdu kohhdu vaLLiekohhdu/

அலைகோடு, ஒரு வளைகோடு.

/aliekohhdu ohru vaLLiekohhdu/

கோடு, கோடு, வளைகோடு.

/kohhdu kohhdu vaLLiekohhdu/

சுருள்கோடு,ஒரு வளைகோடு.

/suruLLkohhdu ohru vaLLiekohhdu/

கோடு, கோடு, வளைகோடு.

/kohhdu kohhdu vaLLiekohhdu/

மடிக்கோடு,ஒரு வளைகோடு.

/madikkohhdu ohru vaLLiekohhdu/

Line,line, curved line.
A wavy line is a curved line
Line,line, curved line.
A coiled line is a curved line .
Line,line, curved line.
A bending line is a curved line.

கோடு கோடு அலைகோடு.

/kohhdu kohhdu aliekohhdu/

அலையாய் ஆடும் அலைகோடு.

/ahlieyaai aadum aliekohhdu/

Line, line, wavy line.
A swaying  line is a wavy line..

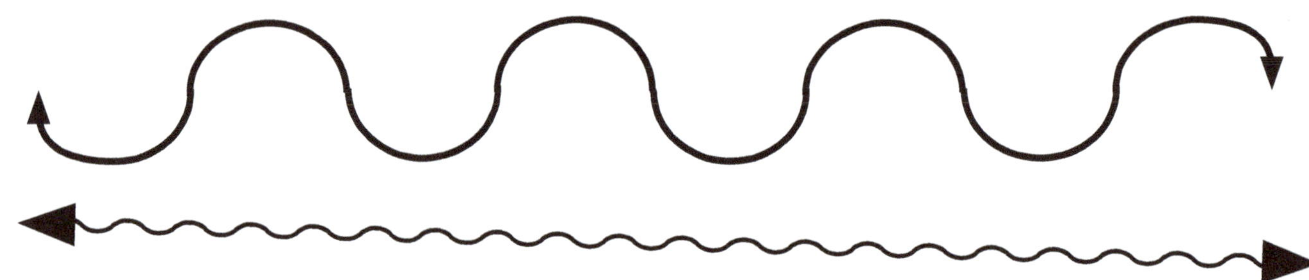

கோடு கோடு சுருள்கோடு.

/kohhdu kohhdu suruLLkohhdu/

சுருண்டு சுருளுமே சுருள்கோடு.

/suruNNdu suruLLumay suruLLkohhdu/

Line, line, Coiled line.
Coiled line coils and curls.

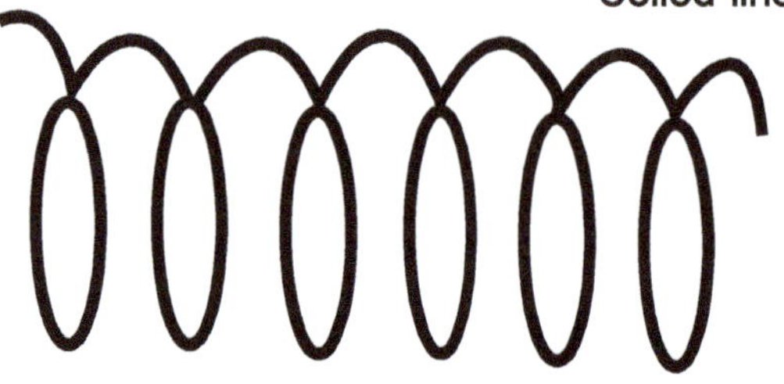

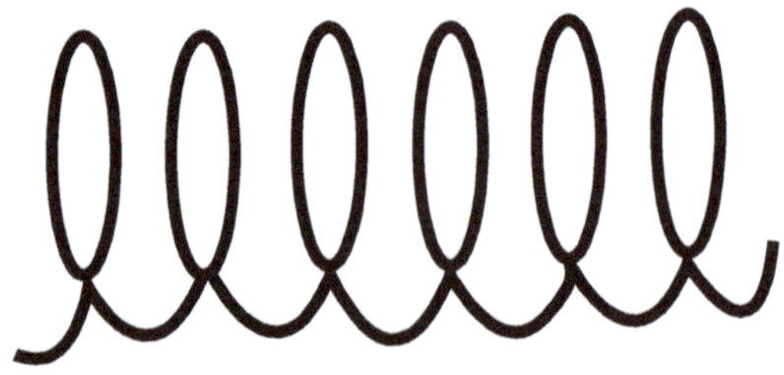

கோடு, கோடு, **மடிக்கோடு.**

/kohhdu kohhdu madikkohhdu/

**மடங்கி மடங்கி மடங்குமே மடிக்கோடு.**

/madanggi madanggi madangkumay madikkohhdu/

Line, line bent line.
Bent lines bend, and fold.

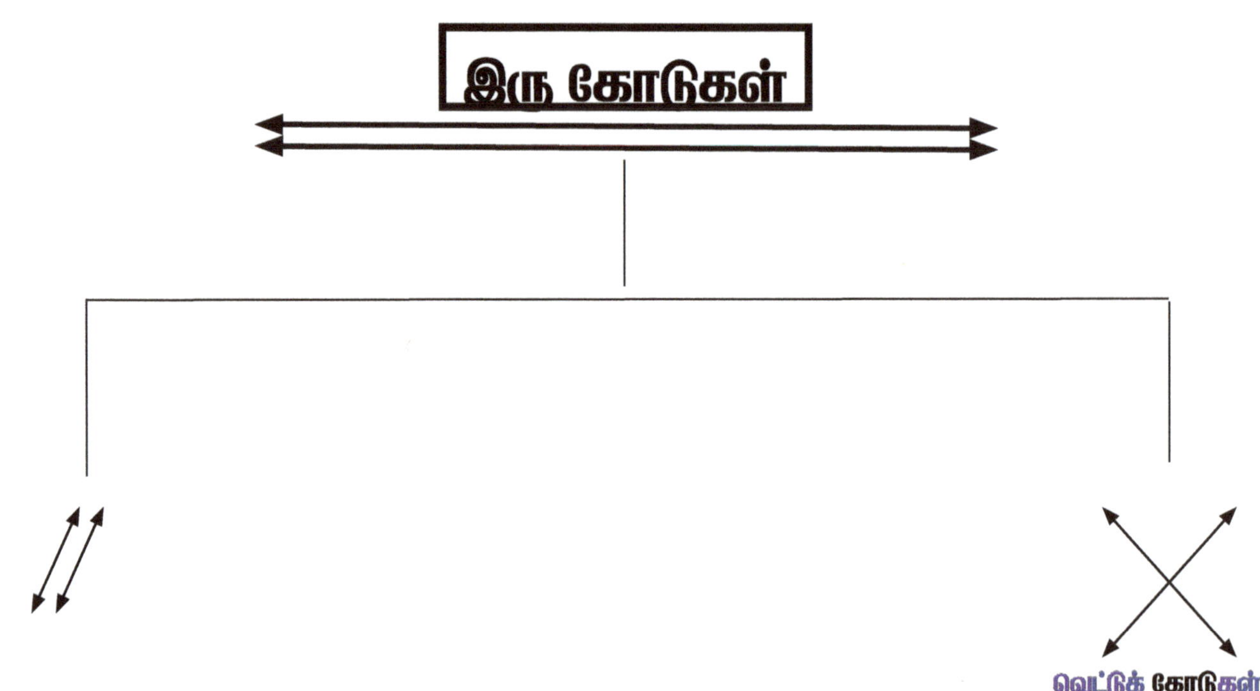

இரு கோடுகள்
இணை கோடுகள்
வெட்டுக் கோடுகள்

இரு கோடு**கள்**.

/earu kohhdukaLL/

இவை இரு கோடு**கள்**.

/eavie earu kohhdukaLL/

இணைந்தே பயணிக்கும் இரு கோடு**கள்**.

/eaNNienthay payaNNikkum eavie earu kohhdukaLL/

கோடு**கள்**, இவை இணை கோடு**கள்**.

/kohhdukaLL eavie eaNNie kohhdukaLL/

Two lines.

These are two lines.

Two lines that travel together.

Lines, these lines are parallel lines.

கோடுகள் இரு கோடுகள்.

/ kohhdukaLL earu kohhdukaLL/

இவை இரு கோடுகள்.

/eavie earu kohhdukaLL/

எதிரும் புதிருமாய் இரு கோடுகள்.

/ehthirum puthirumaai earu kohhdukaLL/

கோடுகள் இவை வெட்டுக் கோடுகள்.

/kohhdukaLL eavie vehttuk kohhdukaLL/

Lines, two lines.
These are two lines.
Two lines that go opposite to each other.
Lines—these lines are intersecting lines.

# Dictionary

அலை /ahlie/ (wave)

அலையாய் /ahlieyaai/ (like a wave)

ஆடும் /aahdum/ (That which dances)

இணை /eaNNie/ (pair)

இணைந்தே /eaNNIenththay/ (joined as)

இரு /earu/ (two,sit,stay)

இவை /eavie/ (these)

எதிர் /ehthir/ (opposite)

எதிரும் /ehthirum/ (opposite and)

ஒரு /ohru/ (one, single)

கிடை /kidie/(horizontal)

கோடு /kohhdu/ (line)

கோடுகள் /kohhdugaLL/ (lines)

சரிவாய் /sarivaai/ (slanted)

சரிவு /sarivu/ (slope)

சாயுமே /saayumay/ (oh that leaned)

சாய் /saai/ (lean)

# Dictionary

*சாய்ந்த* /saayinththa/ (the leaned one)

*சாய்வு* /saaivu/ (inclination)

*சுருண்டு* /suruNNdu/ (coiled)

*சுருள்* /suruLL/ (coil)

*தடி* /thadi/ (thick)

*தடித்த* /thadiththa/ (the fattened)

*நின்ற* /nindra/ (that which stands)

*நின்றல்* /nindRRal/ (to stand)

*நிலைக்குத்து* /niliekkuththu/ (vertical)

*நேர்* /nayr/ (straight)

*படுத்தல்* /paduththal/ (to lay down)

*பயணி* /payaNNi/ (travel)

*பயணிக்கும்* /payaNNikkum/ (the traveling one)

*மடங்கி* /madangagi/ ( the folded one)

*மடங்கு* /madanggu/ (fold)

*மடங்குமே* /madanggumay/ (oh the folded one)

*மடி* /madi/ (fold)

# Dictionary

மென் /mehn/ (thin)

மெல்லிய /melliya/ (the thin one)

புதிரும் /puthirum/ (in opposition and)

புதிர் /puthir/ (opposition)

வளை /vaLLie/ (bend)

வளையும் /vaLLieyum/ (the bent one)

வெட்டு /vehttu/ (intersection,cut)